Tintin ar grib Tibet

Gwyliau i godi'r hwyliau, Milyn!

Gwylie, myn yffarn i!... Sgathru dros gerrig o fore gwyn tan nos. Ma' gydag e sgidie cerdded trwm ar ei draed, ond dim ond pedair pawen fach dyner sy 'da fi.

Nôl i'r gwesty wedi diwrnod hir yn y mynyddoedd, ac yn barod am swper...

HOTEL DES SOMMETS

Helo, Capten! Fuodd hi'n ddiwrnod da?

Blwmin grêt, gwboi! Fentra i dy fod ti wedi blino'n shwps!

Ychydig yn flinedig, ond yn teimlo'n iach eithriadol... Mae'r mynyddoedd yn fendigedig a'r aer mor glir â'r grisial. Dewch yn gwmni cerdded gyda fi fory, Capten...

Beeeth?

Cer i grafu! Sdim dowt 'da fi fod golygfeydd pert lan sha'r topie - ond beth ddiawl sy'n dy ddenu di i straffaglu dros hen greigie di-ben-draw?! Ac ar ôl mynd lan, ma' rhaid i ti ddod lawr! Beth yw'r pwynt, gwêd?

Wyt ti eisie torri dy wddwg? Ma'r mynyddoedd yn beryglus, cofia. 'Sdim diwedd i'r hanesion am ddamweinie neu un drychineb ar ôl y llall yn yr uchelfannau - fe ddylen nhw wahardd mynyddoedd, myn diain i, dyna'r unig ffordd i ddiogelu yn erbyn awyrennau'n hedfan mewn iddyn nhw...

Nawr o'n i'n darllen... Damwain yn Nepal... 'Co fe, yn y papur... Drycha.

ANTURIAETHAU TINTIN

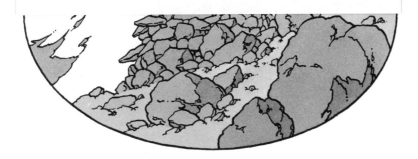

ADDASIAD
DAFYDD JONES

DALEN

dalenllyfrau.com

Tintin ar grib Tibet yw un o nifer o lyfrau straeon
stribed gorau'r byd sy'n cael eu cyhoeddi gan Dalen yn
Gymraeg ar gyfer darllenwyr o bob oed. I gael gwybod
mwy am ein llyfrau, cliciwch ar ein gwefan
dalenllyfrau.com

Tintin o gwmpas y Byd

Affricaneg Human & Rousseau
Almaeneg Carlsen Verlag
Arabeg Elias Modern Publishing House
Armeneg Éditions Sigest
Asameg Chhaya Prakashani
Bengaleg Ananda Publishers
Catalaneg Juventud
Cernyweg Dalen Kernow
Corëeg Sol Publishing
Creoleg Caraïbeeditions
Creoleg (Réunion) Epsilon Éditions
Croateg Algoritam
Cymraeg Dalen (Llyfrau)
Daneg Cobolt
Eidaleg RCS Libri
Estoneg Tänapäev
Ffinneg Otava
Ffrangeg Casterman
Gaeleg Dalen Alba
Groeg Mamouthcomix
Gwyddeleg Dalen Éireann
Hindi Om Books
Hwngareg Egmont Hungary
Indoneseg PT Gramedia Pustaka Utama
Isalmaeneg Casterman

Islandeg Forlagið
Latfieg Zvaigzne ABC
Lithwaneg Alma Littera
Llydaweg Casterman
Norwyeg Egmont Serieforlaget
Portiwgaleg Edições ASA
Portiwgaleg (Brasil) Companhia das Letras
Pwyleg Egmont Polska
Rwmaneg Editura M.M. Europe
Rwsieg Atticus Publishers
Saesneg Egmont UK
Saesneg (UDA) Little, Brown & Co (Hachette Books)
Sbaeneg Juventud
Serbeg Media II D.O.O.
Sgoteg Dalen Scot
Siapanaeg Fukuinkan Shoten Publishers
Slofeneg Učila International
Swedeg Bonnier Carlsen
Thai Nation Egmont Edutainment
Tsieceg Albatros
Tsieinëeg (Cymhleth) (Hong Kong) The Commercial Press
Tsieinëeg (Cymhleth) (Taiwan) Commonwealth Magazines
Tsieinëeg (Syml) China Children's Press & Publication Group
Twrceg Inkilâp Kitabevi
Cyhoeddir Tintin hefyd mewn nifer o dafodieithoedd

Tintin au Tibet
Hawlfraint © Casterman 1960
Hawlfraint © y testun Cymraeg gan Dalen (Llyfrau) Cyf 2017

Cyhoeddwyd yn unol â chytundeb ag Éditions Casterman
Cyhoeddwyd yn gyntaf yn 2017 gan Dalen (Llyfrau) Cyf, Glandŵr, Tresaith, Ceredigion SA43 2JH
Mae Dalen yn cydnabod cefnogaeth ariannol Cyngor Llyfrau Cymru
Llythrennu gan Lannig Treseizh
ISBN 978-1-906587-83-3

Argraffwyd yng Nghymru gan Cambrian

Mawredd mawr, y crwtyn yffarn! Beth gythrel sy'n bod arnot ti'n tisian dros y lle fel 'na a hala ofan ar bawb?!...

Ond... Nid tisian wnes i...

Mae'n ddrwg gen i... Pendwmpian... Breuddwyd fach hunllefus.

Hunllefus?

Breuddwydio am Tsiang... Fe gofiwch chi Tsiang, y bachgen wnes i gwrdd ag e yn Tsieina[1]... Wel, am freuddwyd ofnadwy...

Roedd Tsiang yn gorwedd mewn trwch o eira... Yn galw amdana i a gofyn am gymorth, "Tintin, estyn dy law"... A'r cyfan mor fyw, mor glir yn fy meddwl... Mae'n ddrwg gen i, Capten, maddeuwch i mi.

Hei, gad hi nawr... Weden i fod eisie i ti fynd i gael napyn. Cer i dy stafell i orffwys, ti 'di blino'n lân.

Chi'n iawn, Capten, âf i nawr ar unwaith... Nos da.

Bore trannoeth...

Shwd'ti boi!... Dim rhagor o freuddwydion cas?

Bore da, Capten. Na, dim mwy o freuddwydion.

Ond dim rhyw lawer o gwsg chwaith, yn dal i gofio'r darlun o Tsiang yn gorwedd yn yr eira, yn galw am gymorth...

Jiw-jiw, anghofia fe... Y gwrthwyneb i freuddwydion sy'n digwydd mewn bywyd bob dydd. Hei, ma' post wedi cyrraedd i ti, llythyr o Hong Kong.

Hong Kong?

Ie, ond drycha... Rownd yr Horn, o'r fflat ar Lwybr Labrador, ymlaen i Mabelfyw Bach, a nawr ma' Nestor wedi'i hala fe mlaen aton ni fan hyn.

Pwy ydw i'n nabod yn Hong Kong?

BY AIR MAIL
PAR AVION

比國布魯塞尔

丁丁先生台啟

香港張仲文字

ymlaen: Mabelfyw Bach
Y Cantref Mawr

Mistar Tintin
Hôtel des Sommets
26 Llwybr Labrador
Vorçèse

TSIANG!

1 gweler **ALAW'R DŴR**

Iyffach! Mawredd y moroedd, grwtyn, nawr paid treial gweud 'tho fi bo ti'n breuddwydio 'to!

Na, na... Ond edrychwch, llythyr oddi wrth Tsiang!

Dyma beth yw cyd-ddigwyddiad! Dim ond ddoe wnes i freuddwydio amdano fe, a nawr rwy'n derbyn llythyr ganddo... Mae hynna'n anhygoel, Capten.

Wel, odi sbo... Beth sy 'da'r bachan bach i ddweud 'te?

Reit... "Mae brawd fy anrhydeddus dad mabwysiedig..." Wyddwn i ddim fod gan Mistar Wang Jen-Ghié frawd... Beth bynnag, mae e'n "berchen ar siop lyfrau ail-law yn y Gelli Gandryll, ac wedi fy ngwahodd i dreulio cyfnod yn preswylio gydag ef..." Hwrê!

"Rwyf wedi derbyn ei wahoddiad a byddaf yn hedfan ar gychwyn fy nhaith o Hong Kong yfory. Mae gwybod y caf eto weld eich wyneb yn llonni fy nghalon..." Mae Tsiang yn dod i'n gweld ni!

Ie ie, da iawn, ond gwed 'tho fi... Ife hen gythrel bach direidus fel Abdallah yw Tsiang?

Wel, na, ddim o gwbl, Capten! Tsiang yw un o'r bobol mwyaf diymhongar a chymwynasgar yn y byd, cewch weld.

Hen ffrind i ti a fi yw Tsiang, ontefe Milyn?!

Athro Efflwfia! Newyddion bendigedig! Mae Tsiang yn dod i'n gweld ni! **TSIANG! TSIANG!**

Crash! Bang! Beth sy'n digwydd?

Tsiang! Tsiang! Crash! Bang!

Rhag eich cywilydd, Capten! Odych chi 'di gadael iddo fe yfed siampaen mor gynnar â hyn yn y bore?

?

Pryd fydd y bachan bach diymhongar 'da ni 'te?

Wel...

"Byddaf yn hedfan i Calcutta ac ymlaen i Nepal. Dymuniad fy anrhydeddus dad mabwysiedig yw i mi dalu gwrogaeth i'w anrhyddeddus gefnder a'i deulu niferus yn Katmandu..."

Nepal?... Katmandu?... Ond hedfan i Katmandu oedd yr awyren gafodd ddamwain ym mynyddoedd Gosainthan...

Oes unrhyw wybodaeth pellach yn y papur bore 'ma? Manylion am y ddamwain, falle...

Drychwch! "Damwain Hedfan Nepal – holl deithwyr wedi'u lladd"...

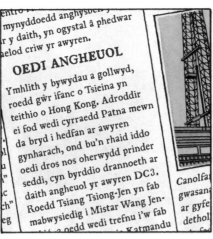

OEDI ANGHEUOL

Ymhlith y bywydau a gollwyd, roedd gŵr ifanc o Tsieina yn teithio o Hong Kong. Adroddir ei fod wedi cyrraedd Patna mewn da bryd i hedfan ar awyren gynharach, ond bu'n rhaid iddo oedi dros nos oherwydd prinder seddi, cyn byrddio drannoeth ar daith angheuol yr awyren DC3. Roedd Tsiang Tsiong-Jen yn fab mabwysiedig i Mistar Wang Jen-...

...mynyddoedd anghysbell...
...r y daith, yn ogystal â phedwar ...aelod criw yr awyren.

...entro...
...ch ...eg ...ic ...ch" ...

Canolfa... gwasan... ar gyfe... dethol... ...Katmandu... ...fe...

Tsiang!... Does bosib...

Wastad yr un peth, yfed yn rhy gynnar yn y dydd!

Caewch eich pen, Ephraim!

Fy hen gyfaill, Tsiang... Does bosib na welwn ni fyth mohono eto...

Na, mae'n amhosib... Gall hyn ddim fod yn wir... MAE TSIANG YN DAL YN FYW!

Yn fyw?

Rwy'n siŵr o hynny!... Mae'n ddyddiau ers y ddamwain, ond fe welais i Tsiang yn fyw ddoe... Yn galw am gymorth, ond roedd e'n fyw!

Breuddwyd oedd honna, Tintin... Dim byd ond dy ddychymyg.

Ie, ond nid breuddwyd gyffredin... Rhywbeth yn debycach i argoel, neu arwydd, y math yna o beth... Ond rwy'n hollol sicr o hyn, Capten, mae Tsiang yn dal yn fyw.

Pwylla, Tintin...

Mae e'n fyw! Reit, pacio'r pac, rwy'n mynd i Nepal!

Yn mynd i Nepal?

Ond ffolineb yw hyn...

Eitha reit, ewch i'r gwely i sobri!

Clyw, Tintin, fi'n gallu deall y sioc a'r galar, a ti 'di cael ysgytwad ar ôl dy freuddwyd, ond bydd yn synhwyrol...

Rhaid i fi achub Tsiang!

Ond myn yffach i, 'sdim modd yn y byd i ti achub bywyd rhywun sy wedi marw...

Mae Tsiang yn fyw.

TSIÂNG!

!

?

Dewch fan ymä ar unwaith, Tsiäng! Peidiwch chi â meiddio ymhel ag hen fwngrel fel ynä!

Glywest ti shwd beth hurt? Galw ci yn Tsiang!

Dealladwy, o gofio mai Pekingese yw e...

Ta beth, Tintin... Petai dy ffrind bach Tsiang wedi goroesi'r ddamwain, byddai'r tîm achub wedi dod o hyd iddo...

Falle...

Fi? Hen fwngrel?

Falle! Falle!... Gwranda nawr, hyd yn oed os odyw e'n dal yn fyw...

TSIANG

Fenyw! Oes rhaid i chi disian mor uchel?

Sori, syr, annwyd ofnadw 'chwel...

TSIANG

Fel wedes i, hyd yn oed os odi Tsiang yn dal yn fyw, pa obaith sy 'da ti i ddod o hyd iddo fe, pan fo tîm Sherpa a mynyddwyr profiadol wedi ffaelu?

Capten, rwy'n gwbl argyhoeddiedig fod Tsiang yn fyw. Nawr, falle fod hynny'n hurt, ond dyna ni. A gan fy mod i'n credu ei fod yn dal yn fyw, rwy'n mynd i chwilio amdano.

Diawl, fachgen, ti'n stwbwrn! 'Sdim iws treial siarad sens 'da ti! Cer i Nepal! Cer i Gwm Cnec os ti moyn! Cer i ble bynnag ti'n dewis, ond ar ben dy hunan bach yr ei di, achos 'smo fi'n bwriadu symud o'r unfan! O, nag odw i!

Ymhen ychydig ddyddiau, yn Delhi...

Bydd yr awyren i Katmandu sy'n galw yn Patna yn hedfan y prynhawn yma, am hanner awr wedi dau. Cewch eich cludo ar y bws oddi yma i ddal yr awyren ym maes awyr Safdarjung...

...Neu, mi gewch dreulio'r deirawr nesa yn edrych o gwmpas y ddinas — bydd eich bagiau yn barod i'w casglu yn Safdarjung am ddau o'r gloch.

Diolch. Wel, fe gymerwn ni eich cyngor a mynd rownd Delhi er mwyn cael pip ar y lle.

Gyda hynny...

Dyma'r Qutub Minar, dros 70 metr...

...a'r Gaer Goch.

Mae 'na gymaint eto i'w weld — mosg y Jama Masjid, a'r Rajghat, man gorffwys Mahatma Gandhi...

Ond dishgwl faint o'r gloch yw hi!

Dim ond digon o amser i ddal tacsi a'i siapo hi i'r maes awyr.

Trueni...

Beth yw'r holl stŵr fan hyn 'te? Rhywun yn cael ffeit? Neu ddamwain, falle...

Buwch! Wel, myn diain i, beth ddiawl ddaeth drosti yn ploncan ei hunan fan hyn, reit yng nghanol y ffordd?

Odi hon yn bwriadu symud? Mae'n bryd iddi fynd adre i odro, weden i...

Buwch sanctaidd, Sahib. Rhaid gadael llonydd iddi nes ei bod yn dewis symud.

'Sdim amser 'da fi i aros iddi symud! Ma' rhaid i fi ddala awyren sy'n hedfan mewn llai na hanner awr...

Os nad yw hi'n bwriadu symud, bydd rhaid camu drosti. Dom da i chi, gyfeillion...

Hei! Hwp! Gan bwyll, madam!

Hei! Mam fach! **WOOOW!**

Mawredd y moroedd mawr!

Beth sy?

Diawl eriôd... Rhwbeth yn fy llygad... Gwybedyn, llwch, 'sdim ots beth... Stopia'r car am funud, wnei di?

Dim byd i'w weld... Bydd hi'n well aros nes ein bod ni ar yr awyren.

Ymlaen â ni 'te, 'sdim amser i golli!

Iawn, Sahib.

Hei! Fy het!

Wnawn ni byth gyrraedd mewn pryd gyda'r holl oedi yma, Sahib.

Yn Safdarjung...

Mae'n rhaid i ni hedfan nawr - mae'n anffodus os oes teithwyr yn cyrraedd yn hwyr.

Dyma nhw ar y gair!

Picls Porthcawl! Y blwmin peth hyn yn fy llygad...

Lwcus 'mod i'n gallu gweld y grisie lan i'r awyren...

Na, Capten! Y grisiau anghywir! Draw fan hyn!

Unwaith i mi orffen hyn, fe wna i gymryd golwg ar eich llygad...

CYMORTH CYNTAF

Drannoeth...

Dyma Katmandu.

Sgwrs yn gyntaf gyda rheolwr y maes awyr.

A dyna'r stori. Roedd ein cyfaill Tsiang ymhlith y teithwyr a gollwyd yn y ddamwain ym mynyddoedd Gosainthan. Fe wyddoch chi am y tîm Sherpa a deithiodd i'r mynyddoedd — a oes modd i chi roi cymorth i ni'n dau ymweld â'r fan lle ddaethon nhw o hyd i weddillion yr awyren?...

A gaf i holi'n garedig pam yr ydych chi am fentro i'r mynyddoedd?

Wel, rwy'n argyhoeddiedig nad yw Tsiang yn farw. Rwy am fynd i chwilio amdano.

Rydych yn wallgo. Does gyda chi ddim syniad o'r cymhlethdod a'r perygl sydd ynghlwm wrth fentro i'r uchelfannau.

Ôs rhaid iddo fe whare â'r bandyn lastig 'na?...

Byddai mentro yno, a rhoi eich bywydau yn y fantol, yn weithred gwbl ddiangen. Hyd yn oed petai eich cyfaill wedi goroesi'r ddamwain, byddai erbyn hyn wedi hen drengu mewn oerfel a newyn yn yr ucheldir anial.

Dyna'n gwmws beth wedes i wrtho fe...

Ha! Ha! Ha! Ha!

O, sori...

Ond mae Tsiang yn gyfaill i mi ac, er gwaetha'r holl dystiolaeth i'r gwrthwyneb, rwy'n gwybod ei fod yn dal yn fyw. A beth bynnag yw'r rhwystrau, mae'n rhaid i mi geisio dod o hyd iddo...

Bid a fo... Yn fy marn i, bydd dim un aelod o'r tîm Sherpa yn barod i'ch tywys i'r mynyddoedd, ond rwy'n fodlon cysylltu ar eich rhan ag arweinydd y tîm.

Rwy'n ddiolchgar i chi.

Ti'n gweld? Ma' unrhyw un â'r tamed lleia o sens yn meddwl fod dy syniad di yn hollol ddwl!

Ond mae Tsiang yn fyw.

Dere mlân, Tintin, y cyfan ar ôl un freuddwyd olau? Diawch, fe ges i freuddwyd echnos am Madog Hadog y Morwr, ond dyw hynny ddim yn golygu ei fod e'n fyw! Paid ti credu 'mod i'n mynd i ddechre cerdded rownd y lle mewn breuddwyd, gyda'n llyged ar gau...

Capten!

Watsha ble ti'n mynd, y forwyn odro yffarn!

CAPTEN!

Mawredd y mynyddoedd a'r moroedd mawr a mân, myn asen i! Odych chi'n neud hyn yn fwriadol, y blwmin bashi-baswcs?!

क्यों जी? देखते नहीं सामने क्या है?...✳⊙★

Roedd rhywun yn siŵr o roi llond pen yn ôl i chi yn hwyr neu'n hwyrach.

Fe wnawn ni holi'r dynion lleol yma am y siop sy'n eiddo i dylwyth Tsiang.

Esgusodwch fi, ond a wyddoch chi am siop yn yr ardal sy'n eiddo i ŵr o Tsieina? Siop yn gwerthu nwyddau o Tsieina?...

Tsieina?

Hei, beth yw'r carpedi coch ar hyd y llawr?

Wŵŵ, ffrwythau wedi'u taenu i sychu yn yr haul. Ma' arogl lyfli arnyn nhw...

Ffrwythau blasus, ie?... Blasus i'w bwyta, iym-iym?

Ie, Sahib.

Ie, Sahib.

Siop y gŵr o Tsieina?... I fyny'r lôn ac i'r chwith... Fe welwch y deml, ac yna troi i'r dde... Dyna ble mae siop y dyn o Tsieina... Ei enw yw Tsieng Li.

Diolch i chi.

TÂN!...

Wêêê... bêêêth yffââach... Hwpes i un o'r pethe 'na yn 'y ngheg, ac ôdd e fel cynnau ffwrnes!

Pimiento coch, Capten... Pupur!

Wedi oeri'r ffwrnais...

Dyma ni wrth y deml...

Mae'n hardd, on'd yw hi?

Cyfarchion, Sahib. Fy enw i yw Tsieng Li-Kin. Rydych yn chwilio amdanaf, mi gredaf.

Odyn... Ond shwd o'ch chi'n gwbod?

Mi fuoch yn holi cyfaill i mi, Sahib, a rhedodd yntau o'ch blaen i ddywedyd wrthyf.

Braint dihafal i mi bydd eich derbyn yn westeion gwadd yn fy annedd lon.

Ym... Diolch yn fawr.

Rŷn ni'n gyfeillion i Tsiang, Mistar Tsieng...

Cyfeillion i Tsiang?... Rhagorol!... Bydd Tsiang wrth ei fodd yn cael eich cyfarch.

12

E?... Beth wedoch chi?

Bydd hyn yn lawenydd pur iddo... Dewch i mewn.

TSIANG!... TSIANG!... Cyfeillion i ti!

Dyma fy mab, Tsiang Lin-Ghié... Hi! Hi! Hi!

Rwy'n ofni i chi gamddeall, Mistar Tsieng — enw ein cyfaill yw Tsiang Tsiong-Jen.

Och... Tsiang, fy nai mabwysiedig, yr hwn a gollwyd yn y mynyddoedd gwyn...

Deallwch ei fod wedi marw mewn damwain awyren...

Dyna'r sôn, ond rwy'n credu fod Tsiang yn dal yn fyw... Efallai y gallwch fy helpu. A oes yna Sherpa lleol a fyddai'n barod i ddod gyda mi i chwilio am Tsiang?

Er fod Tsiang yn farw? Wna i ddim derbyn hynny... Bydd angen Sherpa profiadol arna i er mwyn dod o hyd i Tsiang.

Fy nhad, beth am Ang Tharkei? Ef yw Sherpa gorau a mwyaf dewr yr ardal, ac roedd yn aelod o'r tîm achub adeg y ddamwain awyren.

Efallai, ond gwn yn awr beth fydd ei ateb...

NA, SAHIB!

Ffolineb pur fyddai mentro a pheryglu tri bywyd — eich bywyd chi, bywyd eich cydymaith, a 'mywyd innau — er mwyn chwilio am ddyn sydd wedi marw.

Ond Tharkei, rwy'n argyhoeddiedig nad yw Tsiang wedi marw.

Mae yn farw, Sahib!... Rydw i wedi bod yno a gweld yr hyn o'r awyren sy'n weddill. Byddai'n amhosib fod unrhyw un wedi goroesi yn y mynyddoedd - yr oerfel, dim bwyd - peidiwch â mynd, Sahib, rydych chithau'n ŵr ifanc, yn rhy ifanc i farw.

Synnwyr cyffredin 'chan. Mae'r Sherpa yn llygad ei le, a fi 'di gweud yr un peth wrthot ti hefyd - mae'r risg yn ormod, ac er mwyn beth? Rhaid i ti ystyried rhoi'r gore i'r syniad gwallgo 'ma nawr.

Ydy, ma' Tharkei yn hollol iawn.

O'r diwedd! Ôn i'n gwbod y byddet ti'n gweld sens!

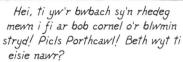

Hei, ti yw'r bwbach sy'n rhedeg mewn i fi ar bob cornel o'r blwmin stryd! Picls Porthcawl! Beth wyt ti eisie nawr?

Yma ar gais y Sherpa Tharkei, Sahib.

Mae'n dweud fod popeth yn barod. Byddaf yn cludo nwyddau i chi.

Fe gewn ni sbort 'te!... Iawn, cer i ddweud wrth Tharkei ein bod ni ar y ffordd.

Ti eisie gwbod beth sy'n digwydd? Reit, wel, achos bo ti'n mynnu mynd ymlaen i'r mynyddoedd, es i nôl i siarad gyda Tharkei, a llwyddes i ddwyn digon o berswâd arno fe i'n tywys ni i leoliad y ddamwain...

Does dim geiriau i'ch disgrifio chi, Capten!

Galla i feddwl am un neu ddou... Ond clyw, dim ond mor bell â gweddillion yr awyren y bydd Tharkei yn ein harwain ni, dim un cam ymhellach... Ac unwaith y cyrhaeddwn ni'r lle, fe sylweddoli di nad oes llygedyn o obaith fod yr un enaid byw wedi goroesi yno.

Mae Tharkei wedi trefnu'r cyfan fydd ei angen ar gyfer taith i'r mynyddoedd – dillad, bwyd, cyfarpar, a'r porthmyn i gludo'r cyfan. Ond Cocls Ceinewydd! Wedodd e'r un gair 'mod i'n mynd i orfod cadw cwmpeini gyda'r bachan 'na sy'n bustachu fel tarw mewn rhwyd!

Awr yn ddiweddarach...

Beth ddiawl odw i'n neud fan hyn, mâs ym mhellafoedd Nepal, pan gallen i fod adre yn mwynhau fforti-wincs ym Mabelfyw Bach, gyda gwydryn oer o wisgi yn fy llaw...

Wrth gwrs! Wisgi! Yr holl boteli sy 'da fi yn y pac!

Nawr lanciau, rhoddwn glod, y mae'r gwanwyn wedi dod...

⑮

Bois bach! Mae'r Capten wedi mynd ffwl-pelt!... Hei, Capten, arafwch er mwyn i ni ddal i fyny!

Gadewch iddo fynd... Mae'r llwybr yn faith, a bydd y Capten yn arafu ymhen ychydig.

Y gaeaf a'r oerni... ♪♪ hic... aeth heibiooo... ♪♫

CHCH... CHCH... CH CH...

Shwd ŷch, Athro Efflwfia! Dwy ben-glin fach bert!

Wedi colli fy ymbarél.

Ma' llwyth 'da fi fan hyn, digonedd o ddewis, ond 'sda fi ddim syniad o ble ddaethon nhw...

Nonsens! Pimiento melyn yw hwn!

Ar dy ben, filwr bychan!

E?... O, ym, ma' rhaid bo fi 'di cwympo i gysgu ar fy nhraed... Y gwres... A wedyn rhyw freuddwyd ryfedd...

Wedi nosi...

Mawredd mawr! Druan bach â bysedd fy nhraed... Byddan nhw'n well erbyn y bore... Nos da, bawb!

Nos da, Sahib.

Nos da, Capten.

Â GWÊN ♪♪ ♪ A CHÂN EI CHEINEG, ♪ ♫ ♪ GWÊL, ♪♫ WYDR, FIRAIN DEG! ♪♫ ♪♩

16

Bianca Castafiore!... Beth ddiawl ma' honna'n neud fan hyn?! Ein dilyn i bob twll a chornel!

Y radio ym mhabell y porthmyn...

AI TI WYT, ♪ ♪ ♪ ♪ LÂN FERERID?

Reit, fe gewn nhw rhwbeth i wrando arno 'da fi!

Gwyliwch y rhaffau, Capten.

Diolch!

DYRO AIR! ♪ DYRO AIR! DYRO WIRION AIR ♪ F'ANWYLYD! ♪ ♪

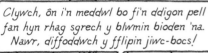

Clywch, ôn i'n meddwl bo fi'n ddigon pell fan hyn rhag sgrech y blwmin bioden 'na. Nawr, diffoddwch y fflipin jiwc-bocs!

Mawredd! 'Sdim heddwch hyd yn oed yng nghuddfannau'r mynyddoedd!

DOINNNG

?

Myn cythrel a myn cacen i! Oes eisie'r holl raffe hyn ym mhobman? Ma' nhw'n ddanjerus!

Gyda'r wawr...

Capten Hadog ar y blaen, yn diflannu tua'r gorwel!

We-hei! Croesi'r afon nawr!

Gyda'n lwc i, synnen i daten na fydd hyn yn cwpla mewn sblash!

Ond nid... y tro yma... gyfeillion!

Cwpwl o latheidi 'to, a dyna ni...

CAPTEN!

SBLASH

Taflu cerrig i'r afon!... Roedd hynny'n ddigon i godi braw!

Iŵ-hŵ!

SBLASH

Beth ti'n meddwl o hyn 'te? Croesi'r afon heb wlychu fy nhraed!

Rhyfeddol, Capten! Llongyfarchiadau! Yn anffodus, nid hwn yw'r man croesi — yr ail bont, dyna ddwedodd Tharkei!

BETH?

Wel yr argol ddiddig! Pam ddiawl na wedodd unrhyw un wrtha i?!

Lan a lawr, nôl a mlaen...

Mam fach!

Miwn a mâs!

Mae e'n sych!

Da iawn, Capten, dyna'r dull gorau.

Does dim doniolwch yn hyn...

Cangen a chainc fach 'to, a dyna fi 'di bennu'r mabinogi!

Ymlaen...

Mae'r cerdded hyn yn waith sychedig...

A dyma ddiferyn o ddŵr!

Wel, blas rhyfedd ar ddŵr...

Oferedd, greadur! Beth oedd y ddiod aflan?

?

Greadur gofidus! Wisgi oedd hwnna, y ddiod gadarn, a wele thithau'n rhodio yng nglyn cysgod cwrw.

Twll! Beth yw'r ots? Diferyn bach i gynhesu'r galon, dyna'r cyfan...

A drycha, mae rhagor yn diferu, paid gadael iddo fynd yn wastraff!

Ho! Ho!... Edrychwch ar y ci!

Mae'r ci bach wedi meddwi!

Milyn druan, yn benysgafn yn y mynyddoedd...

Watsha, gi bach!

Gofalus!

Beth sy? Oes rhaid i'r pedwar weiddi ar unwaith?

MILYN!

Mam fach! Fe geith ei ddarnio ar y creigiau...

Diolch byth! Mae e wedi syrthio i'r dŵr!

SBLASH

Dyna fe'n dod i'r wyneb eto!

Nôl at y bont! Dim ond un cyfle fydd i achub Milyn!

Mae hyn yn mynd i fod yn dynn...

Dyna ti! Wedi dy ddal!

O fewn dim...

Wel, fachgen, llwyddest ti achub yr hen feddwyn, do fe?

Meddwyn?

Ie, meddwyn! Paid ti credu mai troi'n benysgafn ar aer y mynyddoedd wnaeth e! Drycha ar hyn, Tintin! Poteled o wisgi wedi chwalu yn y pac... Yr unig gysur yw na chafodd pob diferyn ei wastraffu!

Os oes mwy o ddrygioni fel hyn, fydda i ddim yn rhedeg lan a lawr y mynyddoedd er mwyn dy achub di!

Ac ymlaen...

Chorten yw hwn, Sahib, tomen greiriau – yma y mae llwch y Lama Mawr.

Arhoswch, Sahib! Lwc ddrwg!

Hei!

Na!

Stop!

Beth yffach sy'n bod nawr? Beth odw i wedi'i neud 'to?

Daw lwc ddrwg, Sahib, os ewch heibio i'r chorten tua'r dde.

Beth? Rheolau'r ffordd fawr? Traffig un-ffordd, ife?

Corddi'r ysbrydion, Sahib, wrth groesi'r chorten ar y ddeheulaw, ac yna bydd y porthmyn yn gwrthod cerdded ymhellach...

Iawn, sai'n mynd i gythruddo neb.

Chwith, de, wsti be... Fel tase fe wir yn neud gwahaniaeth...

Gofalus, Capten!

Arafwch, Capten! Arafwch!

Syniad daaa!

Cadwch i'r chwith, Capten!

Cadw i'r chwith! Cadw i'r chwith! Haws dweud na gwneud!

Ŵŵŵ... Ond o leia ma'r wisgi yn saff!

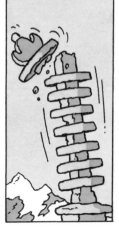

DOING

Drannoeth...

Mae hyn fel cerdded yng nghoedwigoedd yr Alpau.

Dwyawr yn ddiweddarach...

Diawch! Rho dy drwyn yn y rhododendrons, Tintin!

Erbyn y prynhawn...

?

SBLOTSH

Ych! Ffrwyth o rhyw fath, wedi pydru a syrthio o'r coed...

O ble ddaeth e? 'Sgwn i...

SBLOTSH

Y noson ganlynol...

Cawn wersylla yma, Sahib.

Dyma ni wedi cyrraedd yr eira.

Dros y grib yfory, fe ddown o hyd i weddillion yr awyren ar wastatir Tibet. Nawr, mae'n amser bwyd, tsampa amdani.

Beth yw'r bwydach tsampa hyn 'te?

Blawd barlys wedi'i goginio mewn te a menyn, dyna yw tsampa.

HAW-HAWAAAW

Beth yn y byd?!

Yr ieti! Sŵn yr ieti ydy hwnna!

Yr ieti? Y dyn eira dychrynllyd?!!

WOW-OW

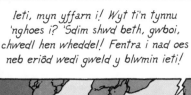

Ieti, myn yffarn i! Wyt ti'n tynnu 'nghoes i? 'Sdim shwd beth, gwboi, chwedl hen wheddel! Fentra i nad oes neb eriôd wedi gweld y blwmin ieti!

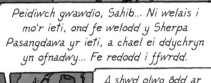

Peidiwch gwawdio, Sahib... Ni welais i mo'r ieti, ond fe welodd y Sherpa Pasangdawa yr ieti, a chael ei ddychryn yn ofnadwy... Fe redodd i ffwrdd.

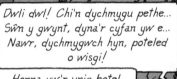

A shwd olwg ôdd ar y bachan ieti 'ma?

Roedd yn fawr iawn, Sahib, ac yn gryf... Mae'r ieti yn medru lladd ychen y mynydd gydag un ergyd... Mae'r ieti yn ddrwg, mae'n anffurfio pobol ar ôl eu lladd...

HAW-HAWAAAW

Dwli dwl! Chi'n dychmygu pethe... Sŵn y gwynt, dyna'r cyfan yw e... Nawr, dychmygwch hyn, poteled o wisgi!

Honna yw'r unig botel sydd ar ôl, ie?

Peidiwch ag yfed, Sahib!

Pam? Odych chi'n ddirwestwyr?

Os clyw yr ieti arogl y ddiod, fe ddaw yma... Mae'n hoffi alcohol... Daeth o hyd i tsiang unwaith, yn Sedoa, a'i yfed...

Yfed Tsiang? Ti'n siarad trwy dy het, gwboi!

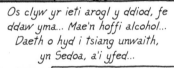

Cwrw cryf lleol yw tsiang, Sahib, ac fe yfodd yr ieti ormod o tsiang a meddwi... Wedi iddo syrthio i gysgu, daeth gwŷr y pentre a'i glymu gyda rhaffau — ond deffrodd mewn tymer ddrwg, ac mae'r ieti yn gryf...

Chwilog gyda'r machlud, Penmaen-mawr gyda'r wawr!

Deffrodd yr ieti, Sahib, rhwygo'r rhaffau oddi amdano, a ffoi!

Reit, iawn, fi'n gweld y pwynt... Wel, mae'n bryd i fi fynd i gysgu. Nos da!

Cymerith hi fwy na sgrech yr hen ieti i 'nghadw i ar ddi-hun heno!

IAAAAAW!

IAAAAAAW!...

!?

Mefl ar fy marf! Yn sownd yn y zip!

Tynnu'n galed arno fe...

I'r dim!

AAW!

Gyda'r wawr...

Ym, gallen i dyngu... Odw i 'di anghofio rhwbeth?

Picls Porthcawl!... Y botel wisgi, myn yffarn i!

Nawr 'te, ble gadewes i'r botel neithiwr... Draw fan hyn?

Ddim fan hyn... Ond ble?

GRRR

Hei, Tintin, wnest ti roi'r botel wisgi 'na heibio neithiwr?

Fi?

Naddo... Ôn i'n meddwl ei bod hi 'da chi yn y babell... Ewch i holi Tharkei...

Yfi? Naddo, Sahib... Eich cyfaill, efallai, neu un o'r porthmyn?

Naddo...

Ddim gen i, Sahib.

Beth am eich cyfaill? Neu'r Sherpa Tharkei?

Diawl eriôd! Dewch mlaen, bois... 'Sdim posib ei bod hi wedi diflannu!

Heb ddiflannu, Sahib...

Mae eich potel wedi mynd... Yr ieti sydd wedi'i dwyn!

Nonsens! 'Sdim shwd beth â ieti yn bodoli, myn diain i!

Dewch! Mae taith hir o'n blaenau heddiw.

Na, wnawn ni ddim cerdded ymhellach...

Beth yw hyn?! Gwrthod mynd ymhellach? Diawch, bois bach, ni hanner ffordd lan y mynydd, 'smo chi'n galler cerdded bant nawr!

Awn ni ddim pellach, Sahib. Rhaid i ni ddychwelyd at ein pentref.

Mae peryg y cawn ein lladd gan yr ieti... Mae'r ieti wedi yfed eich llaeth mwnci, Sahib, a bydd yn ddig erbyn hyn!

Hei, odw i'n dishgwl yn dwp? Pwy glywodd erioed am ieti yn meddwi ar boteled o wisgi?!

Mawredd mawr! Clyw, Tharkei, ma'r yffarns hyn fan hyn yn credu 'mod i'n mynd i dderbyn eu nonsens a gadel iddyn nhw droi ar eu sodle a mynd sha 'thre!

Fe wna i siarad gyda nhw...

Glywest ti shwd ddwli? Ieti yn yfed wisgi a rhedeg rownd y mynyddoedd yn feddw!

Unrhyw lwc?... Beth am y wisgi?

Does gyda nhw ddim syniad... Ond mae'r porthmyn am aros gyda ni. Dywedais y byddai pawb yn eu pentre yn eu gwawdio... A dywedais hefyd eich bod chi yn ŵr hael iawn... Felly, ymlaen â ni.

Hei, Tintin, beth sy'n corddi'r hen gi bach 'na sy 'da ti?

Milyn?

Hei, Milyn, beth sy'n dy fyta di?

GRRRR

O!

?

?

Edrychwch! Olion traed... Y dyn eira dychrynllyd!

GRRRR GRRRR

Tintin bach, 'smo ti'n eu credu nhw hefyd, wyt i?... Olion traed arth yw rhein, ma' pawb yn gwbod fod eirth weithie'n codi ar eu traed ôl wrth gerdded...

Ac fe brofa i hynny hefyd... Dim ond dilyn yr olion traed, cewn ni weld...

Peidiwch, Sahib, mae'n beryglus!

Peryglus, wir i ddyn byw!... Fi'n dechre cael llond bola o'r holl nonsens hyn am ieti...

Wei! Odw i'n dechre dychmygu pethe?... Co'r hen botel wisgi fan 'na...

GWAG!

RYFFARNAGRMTFFR!

Fy wisgi i ôdd hwnna, y bashi-baswc yffarn!... Diawl eriôd, y crebachyn shag wyt ti!... Y tarw potel!... Y sgwdihwlffwch!...

Hwlcyn!... Horwth fontinog!... Y deisen dorth!... Yr hyrddyn brych!

Melltith arnot ti, y cachgi bwm!

Dere fan hyn, y meddwyn, neu oes gormod o ofan arnot ti?

Peidiwch gweiddi, Sahib, rhag i'r eira...

Y sholen yffarn! Y cacaraciwr! Y gacen radell!

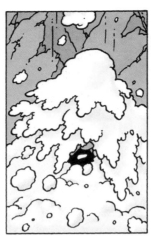 Twll dy din di, Pharo!

 Dewch, cyn fod mwy o eira yn syrthio... Styllen rech!

 Och!... Y porthmyn!

HEEEi!

Dewch nôl, y bashi-baswcs!

...baswcs...

...aswcs...

...wcs...

Cadwa di mâs o hyn, gwboi!

Eich adlais yw hwnna, nid yr ieti...

Dim ateb... Mae olion traed yr ieti wedi eu dychryn, maent wedi ffoi am adre... Rhaid i ninnau droi nôl hefyd.

Hen gryts sofft yn rhedeg bant ar y cyfle cynta!

?

Ond fiw i ni droi nôl nawr, Tharkei, a ninnau mor agos at gyrraedd y nod...

Fedrwn ni ddim cludo paciau'r porthmyn, Sahib.

Os wnawn ni gludo pac ychwanegol yr un, a diosg beth sy ddim yn gwbl angenrheidiol, bydd popeth yn iawn... Tharkei, mae'n rhaid i ni achub Tsiang!

Bore trannoeth...

Bron yna...

Dyna nhw, gweddillion yr awyren.

Fe welwch, Sahib, fedr neb oroesi yma.

Ddim yma...

Yn wir, Sahib... Byddai'n amhosib dod o hyd i unrhyw un yn dal yn fyw...

Mae'n anodd peidio cytuno, Tharkei.

Edrychwch!

Gallai hwn fod yn un o anrhegion Tsiang i'w gefndryd...

Tsiang druan! Pam ôdd rhaid i ti ffeindio hwnna, dwêd?...

PŴŴŴP

Peidiwch â chorddi'r eira, Sahib.

Hei, drycha, mae Milyn wedi dod o hyd i rywbeth i'w fwyta...

Cewn ni weld!

Ffowlyn i ginio dydd Sul!

GRRR

Druan â ti, Milyn! Mae'r hen ffowlyn yna wedi rhewi'n gorn!

? GRRR

GRRR

Fe wersyllwn yma heno, Sahib, a'i throi hi tua'r dyffryn yfory.

Iawn... Rwy'n mynd i gael golwg o gwmpas y lle, draw tuag at wyneb y graig...

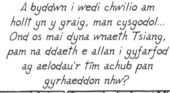

Oherwydd petai Tsiang wedi llwyddo i oroesi'r ddamwain, byddwn yn tybio'n bendant mai at gysgod y llethrau hyn y bydde fe wedi dod...

Tintin 'chan, bydde fe'n syniad da i orffwys nawr.

A byddwn i wedi chwilio am hollt yn y graig, man cysgodol... Ond os mai dyna wnaeth Tsiang, pam na ddaeth e allan i gyfarfod ag aelodau'r tîm achub pan gyrhaeddon nhw?

Dyna sy'n ddryswch i mi... Oni bai...

Ceg ogof...

?

GRRR

Aros ennyd rhwng dau olau, er mwyn cyfarwyddo â'r tywyllwch wedi'r eira llachar tu fâs...

GRRR

CHWIIIII

!

Sŵn y gwynt yn codi'n fain...

Beth sy fan hyn?... Rhywbeth wedi'i naddu ar y graig?...

Tsiang! Ei enw wedi'i naddu mewn dwy iaith...

張仲仁
TSIANG

Felly roeddwn i'n gywir! Fe wnaeth Tsiang oroesi'r ddamwain... Ac fe ddaeth e i gysgodi fan hyn... Ond ble ar y ddaear mae e nawr? Ydy hi'n bosib ei fod e yma yn rhywle, yn cysgodi mewn cilfach dywyll yn yr ogof?

TSIANG!

TSIANG!

BING BANG

!

WOWOW!

Mam fach, sŵn fy llais yn gweiddi wnaeth hollti'r darnau iâ...

BING

WOWOW!

'Sdim dewis, bydd rhaid dod nôl gyda golau i chwilio'r cilfachau – gwell i ni frysio nôl at y lleill, Milyn...

Nefoedd! Yr eira!

Mae hyn yn ofnadwy, fedra i ddim gweld mwy na llathen o 'mlaen i...

Dwyawr yn ddiweddarach...

Dim sôn, Sahib!

30

Mae hyn yn wallgo... Dylwn i fod wedi aros i'r storom eira ostegu cyn mentro o'r ogof... 'Sdim syniad 'da fi ble ydw i erbyn hyn...

HEI!

Dim iws... Mae'n amhosib clywed unrhyw beth uwchlaw sŵn y gwynt... Mae'n dechre tywyllu hefyd... Beth ddaw ohonon ni, Milyn?

Dim ond un dewis sydd... Ymlaen!

Iechyd! Ceudwll yn yr eira... Bron i mi syrthio i mewn!

Mae'n amhosib... Gofalus, Milyn, cadwa'n dynn wrth fy sodlau...

O'r diwedd! Drycha, Milyn, dyna'r Capten draw fan'na!

GRRR

HEI! CAPTEN!

CAPTEN!... HEI! CAPTEN!...

Dyw e ddim yn fy nghlywed... Mae e'n mynd o'r golwg... CAPTEN!

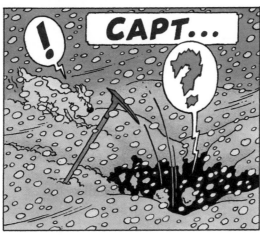

CAPT...

Mae dwyawr yn troi'n dair...

WOWOWOWOWOWOOOOW

Odi'r ôd yn dal i odi, Tharkei?

Tewch, Sahib... Gwrandewch!

WOWOWOWOW

Yr ieti...

Hwnna?!

WOWOOOWOW

Gwell iddo fe gadw draw oddi wrtha i, y mwnci mawr meddw!

Ond Tharkei, nid sŵn ieti yw hwnna... Sŵn udo yw e, sŵn rwy'n gyfarwydd ag e... Dere, ewn ni mâs o fan hyn i glywed yn glir...

WOWOWOWOOW

Clyw!

Milyn yw hwnna, yn udo dros y meirw! Rhaid bod rhwbeth wedi digwydd i Tintin!

Dere, Tharkei, ma' rhaid i ni fynd i whilo amdano fe!

Y rhaffau a'r golau, Sahib, ac fe awn yn syth...

WOWOW...WOWOW

'Co fe!

Milyn bach, ti jest â sythu! Ble ma' dy feistr, e? Beth sy 'di digwydd i Tintin?

WOW...

Fan hyn, Sahib!... Wedi disgyn...

Mawredd y moroedd!

TINTIN!
TINTIN!

Dim ateb... Ond mae'n rhaid i ni ei achub o'r ceudwll, Tharkei!

Daliwch y rhaff felly, Sahib, er mwyn i mi ddisgyn i mewn yn ddiogel...

Reit.

Peidiwch â gollwng y rhaff, Sahib!

Paid becs, Tharkei 'chan!

Capten!... Hei, Capten!

Cau dy ben, myn diain i... Fi'n brysur...

Ond... Llais pwy?...

Tintin!... Hwrê! Tintin yw e!

Cydiwch yn y rhaff!

Y rhaff, Capten!...

E? Pwy raff?

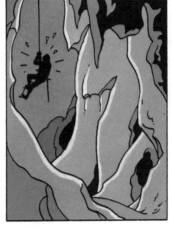

Ychydig yn ddiweddarach...

Wrth i fi lithro i'r gwaelod, ôn i'n ffodus fod yr ymylon yn llyfn... Ond dyma fi'n taro fy mhen ar garreg, a rhaid 'mod i wedi bod yn anymwybodol am beth amser...

Wedi dod nôl at fy mhethe, dyma fi'n symud gan bwyll ar hyd gwaelod y ceudwll... Roedd goleddf graddol yn codi ac, ymhen hir a hwyr, dyma fi nôl yng ngolau dydd... Roedd hynny ar ôl i mi eich gweld chi, Capten, rhyw ddeg llath o mlaen i...

Ond rwy'n methu â deall sut wnaethoch chi gerdded heibio mor agos yn yr eira mawr, heb sylweddoli 'mod i yno... Ac er i mi weiddi nerth fy mhen, wnaethoch chi mo 'nghlywed i.

Be ti'n wilia? Symudes i ddim un cam o'r awyren.

Rhaid mai ti oedd yno felly, Tharkei...

Na, nid fi, Sahib... Wnes i ddim gadael yr awyren chwaith.

Ond... Pwy wnes i ei weld yn y storm?

33

Yr ieti, yn sicr, Sahib! Rhaid i ni ddychwelyd i'r dyffryn yn ddi-oed, mae'n rhy beryglus... Ac mae'n glir nad oes yr un enaid wedi goroesi yma...

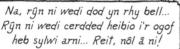

Ond fe wnaeth rhywun oroesi!

Mewn ogof iâ dan y llethrau, fe wnes i ddod o hyd i graig ag enw Tsiang wedi'i naddu arni... Prawf pendant iddo oroesi'r ddamwain. Roedd hi'n amhosib i mi chwilio am fwy o dystiolaeth heb olau, ond pan fydd Milyn wedi cynhesu eto rwy'n cynnig ein bod yn mynd nôl i chwilio'r ogof.

Enw Tsiang?... Roeddet ti'n hollol iawn 'te, Tintin!

Rhywle fan hyn... Ond wedi'r storom eira neithiwr, mae'r cyfan yn anghyfarwydd...

Na, rŷn ni wedi dod yn rhy bell... Rŷn ni wedi cerdded heibio i'r ogof heb sylwi arni... Reit, nôl â ni!

Nawr, digon yw digon, myn diain i... Ni 'di bod yn treial ffeindio'r ogof ers dwyawr, rhaid i fi gael hoe...

Ddim eto!

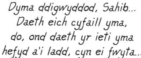

Ewch chi'ch dau mlaen... Ond ma' rhaid i fi orffwys fan hyn...

Fi 'di ffeindio'r ogof... Ti'n gallu dibynnu arna i os oes eisie neud jobyn teidi!

Edrychwch... Dyma'r graig ag enw Tsiang arni.

Ond, Sahib, os ydy Tsiang yn fyw, ble mae e nawr?

Sai'n gwbod, Tharkei.

Dyma ddigwyddodd, Sahib... Daeth eich cyfaill yma, do, ond daeth yr ieti yma hefyd a'i ladd, cyn ei fwyta...

Ond petai hynny wedi digwydd, Tharkei... Fedra i ddim dychmygu'r peth... Ond byddai rhyw olion yma yn rhywle...

Gwelwch, Sahib!

!

Asgwrn anifail yw hwn, gafr fynydd wyllt, rhyw greadur tebyg i hynny... Bydd esgyrn eraill yn yr un man, mae'n siŵr...

Dyma ni, esgyrn adar a chreaduriaid bach...

Mae'r bachan ieti 'ma yn cadw storfa barchus!

Efallai wnaeth yr ieti fwyta Tsiang yn rhywle arall... A pha obaith dod o hyd i'ch cyfaill o dan yr eira?

Reit, fi'n dechre cael llond bola ar glywed am yr ieti gythrel...

Mawredd mawr! 'Sdim wyneb 'dag e i ddangos ei hunan, y mwnci mallt myn yffarn i!

Awn yn ôl at yr awyren, does dim mwy yma... Mae eich cyfaill wedi marw, Sahib, rwy'n siŵr o hynny.

Dangos dy hun, y gneuen goeg!

Hyd yn oed os ydy Tsiang yn fyw...

...pa le y down ni o hyd iddo, Sahib? Fan yma? Fan draw?

Neu fan arall?

Rwyt ti'n hollol iawn, Tharkei... Rhaid i mi dderbyn y dystiolaeth. Fe wnawn ni ei throi hi am y dyffryn bore fory, wedi iddi wawrio...

A thrannoeth...

Dere Tintin 'machgen i... Rwyt ti wedi gwneud y cyfan o fewn dy allu... Mae'n bryd i ni fynd nawr.

Hwyl fawr, Tsiang... Fy nghyfaill.

I'r dyffryn gwyrdd o'r mynydd gwyn...

!

Tharkei!... Capten!... Arhoswch!... Beth yw hwnna? Rhywbeth melyn, lan fan 'na ar y creigie... Welwch chi?

E? Rhwbeth melyn? Ble yn gwmws?

I fyny ar wyneb y graig, rwy'n pwyntio ato...

Mae'r binocwlars yn y pac ar fy nghefn, yn y boced ar yr ochr dde...

Cerpyn, rhacsyn... Neu falle taw sgarff yw e!

Edrycha, Tharkei, sgarff melyn... Yn chwifio yn yr awel, yn sownd yn y graig...

Sgarff, yn bendant, Sahib!

Sgarff? Ble?

Does dim amheuaeth fod Tsiang yn dal yn fyw - mae e wedi gosod y sgarff yna'n fwriadol fel arwydd i ddangos y ffordd... Dere, Tharkei, fe awn ni ar ei ôl!

'Smo fi'n galler gweld dim byd...

Na, Sahib, wna i ddim mynd ymhellach. Dywedais y byddwn yn eich tywys at yr awyren, a dyna ni... Rwy'n dychwelyd i'r dyffryn yn awr, yn sicr fy meddwl fod Tsiang yn farw.

Ond beth am y sgarff?

Nid yw'n profi dim... Dringwr profiadol yn unig fyddai wedi medru cyrraedd man mor uchel.

Os odyn nhw'n gallu gweld y sgarff, pam nag odw i?

A beth bynnag, byddai angen sgidiau a rhaffau arbenigol i ddringo'r graig — doedd gan Tsiang ddim offer o'r fath.

Ond y sgarff...

Ble ma'r blincin peth?!

Wn i ddim, efallai mai cael ei chwythu yno gan wyntoedd cryf wnaeth y sgarff... Neu ei gludo gan yr ieti... Ond nid Tsiang wnaeth gario'r sgarff i fyny'r creigiau, Sahib... Mae Tsiang yn farw!

?

Ond... Picls Porthcawl! 'Co fe... 'Sdim dwywaith, fe yw e!

Waa... pych yfferni mati... ffyn ychafi tati... 'ffarn dân, bois!... byng yffarti beti... myng byfferti weli... **MYN YFFARN I, IETI!**

Wela i ddim... Odych chi'n siŵr?

Odw, yn siŵr 'mod i'n siŵr!... Mwnci anferthol, pen fel cneuen goco... A rhaid bo fe'n gwbod bo fi 'di weld e, 'wath fe ddiflanodd o'r golwg fel bwled o din gŵydd!

Wel, ieti neu beidio, does dim troi nôl i mi. Beth amdanoch chi, Capten?

Ti off dy ben, ond sai'n gadel ti ar ben dy hunan, was! A chofia, ma' 'da fi hen gynnen gyda'r blincin tsimpansî 'na, aros nes bo fi'n cael gafel arno fe!

A beth amdanat ti, Tharkei?

Na, wna i mo'ch dilyn, Sahib. Rydych yn wrol ac yn ddewr, ond wyddoch chi ddim am beryglon y mynyddoedd... Ymgyrch ofer yw hon, Sahib...

Efallai wir... Cer di felly, Tharkei, gyda phob diolch am ein tywys mor bell â hyn... Ond cyn ffarwelio, mae'n rhaid i'r Capten setlo'r cyfan a gytunwyd yn wreiddiol...

Sorta di'r tâl, Tintin, tra 'mod i'n berwi dŵr i neud basned o de.

Dyw cynnau'r fflam ddim yn hawdd, Capten.

Diawch, mae e'n ddigon hawdd cynnau tân ar hen stôf, grwt...

Reit, dere weld... Pump lluosi saith, tri-deg-pump... Cario tri... Pump wyth yn ddeugain... Adio tri, pedwar-deg-tri... Cario pedwar...

Paid anghofio'r lwfans teulu, a'r siwrin cenedlaethol...

BŴŴM

Wowow!

Cyn hir...

Diolch am bopeth, Tharkei... Mawr yw ein dyled, a'n braint ni oedd dy gael i'n tywys.

Hwyl fawr i chi! Gobeithiaf y dewch o hyd i'r hyn rydych yn ei geisio.

Diolch, Tharkei... Hwyl i ti.

Ymlaen â ni... Y nod cyntaf fydd cyrraedd y sgarff melyn!

Hei, Capten, beth ŷch chi'n neud?

Beth odw i'n neud?... Nagyw e'n amlwg? Fi'n mynd gyda Tharkei nôl lawr i'r dyffryn!

Ond roeddech chi am ddod gyda mi...

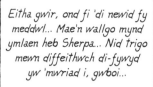

Eitha gwir, ond fi 'di newid fy meddwl... Mae'n wallgo mynd ymlaen heb Sherpa... Nid trigo mewn diffeithwch di-fywyd yw 'mwriad i, gwboi...

Capten...

Wnewch chi estyn y fflasg o'r pac ar fy nghefn? Mae'n oer ddychrynllyd, a byddai diferyn bach o wisgi yn gwneud y byd o wahaniaeth...

Beth wedest ti?... Wisgi? Ma' wisgi 'da ti?

Dim ond tamed bach mewn fflasg, ar gyfer argyfwng... Digon i chi hefyd... Hoffech chi ddiferyn?

Cwestiwn twp cynta'r dydd!

GLOP GLOP

O, ym... 'Sdim rhagor ar ôl...

Beth amdana i?

Cymer air o gyngor, Tintin... Ar ôl teithio moroedd mawr y byd, galla i ddweud 'tho ti â llaw ar 'y nghalon fod y ddiod gadarn yn felltith... Cred ti fi, llwyr-ymwrthod, dim bwyta ham hyd yn oed, dyna'r unig ffordd! Dere 'da fi, ewn ni i ymuno â Tharkei.

Wedi ystyried, Capten, chi sy'n iawn... Gwell rhoi'r gorau iddi, a derbyn ein bod wedi'n trechu... Dyna'r peth call i'w wneud yn wyneb yr holl beryglon... A'r perygl mwyaf, wrth gwrs, yw'r ieti... Ac os yw'r ieti yn credu fod ofn arnon ni, bod gyda ni draed oer...

BETH?

Ofan?... Traed oer?... 'Sdim ofan blwmin ieti arna i, myn yffach i!... Reit, tro rownd ar dy sodle, cewn ni weld pwy sydd â'r traed oer fan hyn!

Wedi cydio yn yr abwyd!

'Sdim ofan yr yffarn arna i... Os wela i y blwmin bwbach blewog, fe geith e flas ar damed bach o Hadog wedi ffrïo, myn diain i!

Arhoswch...

T-t-traed oer!... Fi?

Arhoswch amdana i, Capten, rhaid i ni glymu'r rhaffau!

Ife hedfan ydw i fod gwneud?

Rhaffa dy hunan, grwt!... Mawredd y moroedd! Diawl, pan ffeindia i'r ieti gythrel, bydd yr Hadog hyn yn tasgu!

Capten!

? IA-A-A-AW!...

Tintin! Tintin! Beth sy'n digwydd i'r bicell iâ?... Tintin!

Peidiwch â phoeni, Capten... Cannwyll yr Ysbryd Glân yw hwnna, hollol ddiniwed... Rhaid eich bod yn gyfarwydd â thân rigin yn fflachio o gwmpas pen y mast ar long, pan fydd tywydd mawr y moroedd yn cynhyrchu eithafion atmosfferig...

Diolch i'r nefoedd! Gredes i fod yr Hadog ar fin neidio mâs o'r ffrimpan!

Arhoswch amdana i y tro yma...

Nawr, mae angen i ni glymu'r rhaffau cyn gwneud dim... Yna, fe wna i ddiosg rhywfaint o'r pac er mwyn gwneud lle i mi gario Milyn.

O fewn ugain munud...

Wedi cyrraedd o'r diwedd... Y sgarff!

Edrychwch, Capten... Olion gwaed...

Hmmm, ie... Ond beth nesa, hyd yn oed os mai sgarff Tsiang yw hwn?... I ba gyfeiriad ewn ni?

I fyny, Capten, i'r un cyfeiriad ag yr aeth Tsiang... Rhaid dilyn y llwybr yma i'r brig.

Llwybr ti'n galw hwn?!... Reit, arwain y ffordd...

Mae hwn yn ddarn lletchwith, Capten...

Ac i feddwl fod pobol yn neud hyn am sbort!

!

Capten, rwy'n erfyn arnoch chi i beidio... Gwallgofrwydd yw hyn!

Tintin, 'smo fi'n gyment o ffŵl nes bo fi ffaelu neud un penderfyniad call.

O'r diawl twp!

HEE-E-I

HEE-E-I

?

HEE-E-I

Llais Tharkei!... Tharkei!... Rŷn ni wedi'n hachub!

Ac o fewn dim...

Ond dwêd, Tharkei, pam y newid meddwl, pam troi nôl i ddod o hyd i ni fan hyn?

Wrth gerdded tuag at fy mhentref, meddyliais amdanoch chi... Y ddau ohonoch, gwŷr o'r gorllewin, yn peryglu eich bywydau i achub cyfaill o'r dwyrain... Ac yna minnau, yn ŵr o'r dwyrain yn gwrthod rhoi cymorth... Sylweddolais fy mod yn llwfr, ac mai troi yn ôl a'ch dilyn oedd y peth cywir...

Mae clywed hynny yn lawenydd i mi, Tharkei... Awn ymlaen gyda'n gilydd!

Gyda'r hwyr...

Gwell codi'r babell yng nghysgod y graig, cyn dyfod y storm!

Daliwch yn dynn tra 'mod i'n symud y cerrig trwm...

Brysia, Tharkei!

HELP!
Y babell!

Mawredd mawr! Gad iddi fynd!

Mae'r babell wedi mynd... Wedi diflannu i'r nos!

Ond clywch!

HAW-HAW-HAW

Yr ieti!

Dyle'r clorwth yna fod yn ei wely'n cysgu erbyn hyn!

HAW-HAW-HAW!...

HAW-HAW-HAW-HAW
BOM

?   ?

WAA! WAA! WAA! WAA! WAA!

Beth ddigwyddodd? Rhaid ei fod wedi cael anaf...

Syrfo fe'n reit!

Waa... Waa... Waa...

Codwn y babell fach am heno... Pabell ar gyfer un yw hi, prin fod lle ar gyfer tri...

Hei, 'smo hyn yn mynd i weithio!

Rhaid rhoi cynnig arni...

Symudwch draw, Capten!

'Sdim lle i symud draw 'chan... Jiawl, mae fel cael dy wasgu mewn tun o sar... aaar... aaaaaar...

AAAAAAR...

Peidiwch, Capten!

TISHŴŴŴ

Mae hyn yn drychineb! Byddwn yn rhewi hyd farwolaeth os arhoswn yma nawr... Rhaid i ni symud.

Rhaid disgyn o'r uchelfannau yn gyflym... Rhaid i ni beidio â threulio mwy o amser yn chwilio am Tsiang.

Tsiang...

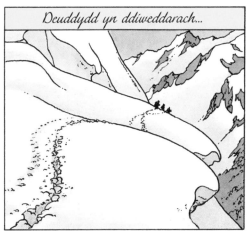

Deuddydd yn ddiweddarach...

Digon, bois bach, yw digon... Ar droed ers tridiau, dim cwsg, wedi llwyr ymládd... Sori, bois, ond sai'n gallu cerdded un cam ymhellach...

Dewch, Capten... Un ymdrech olaf, ac o fewn ychydig oriau byddwn ni wedi disgyn yn is na'r eira.

Na, ewch mlân hebdda i...

Rwy'n siŵr fod gen i ddiferyn o wisgi ar ôl... Beth amdani?

Symuden i ddim modfedd hyd yn oed tase 'da ti lond casgen o wisgi!

Tintin, Sahib!... Dewch yn gyflym, edrychwch...

Mynachlog!... Achubiaeth!

Cawn gysgu yno, Sahib!

Dewch, Capten, mae 'na fynachlog islaw!

Shifften i ddim, hyd yn oed tase'r ddaear yn symud...

CRAAC

Gochelwch! Rhaid i ni ffoi o'r fan!

CRAAC

BRŴŴMMM

BRŴMM

Mae'r Dduwies Wen yn ddig, darogan yw hyn...

Yn wir, Rin Fendigaid, dim ond y taeogion isaf sy'n arddel darogan... Fe ŵyr pob mynach ymoleuedig mai cwymp eira yn y mynyddoedd ydy hwnna.

!?

Gwelwch hyn, bobun... Mae'r Rin Fendigaid yn esgyn, caiff eto weledigaeth!

Y Rin Fendigaid a'i weledigaethau bondigrybwyll... Wastad yn gofyn pam fod eira yn wyn!

Taw, Lewych Aur, tra bo'r Rin Fendigaid yn traethu!

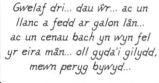

Gwelaf dri... dau ŵr... ac un llanc a fedd ar galon lân... ac un cenau bach yn wyn fel yr eira mân... oll gyda'i gilydd, mewn peryg bywyd...

Mae'r Galon Lân ar droed... yn cerdded ac yn cerdded er ei wendid... wrth i'r nerth sydd ynddo ballu, mae'r Galon Lân yn disgyn...

AWWWW!

WOWOWOWOW

MMMŴ...

44

O jiw-jiw, ma'r ych brych yn mynd i fwyta Tintin!

IAC!

Wowow! Wowow!

Ychen! Fuodd e bron â nhagu i!

Rhaid achub y lleill... Mae'n rhaid cyrraedd y fynachlog...

Mae'n amhosib mynd ymhellach gyda'r anaf i 'nhroed... Beth wna i nawr?...

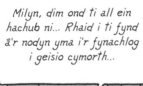

Milyn, dim ond ti all ein hachub ni... Rhaid i ti fynd â'r nodyn yma i'r fynachlog i geisio cymorth...

Rhed, Milyn... Mae'r cyfan yn dibynnu arnat ti nawr!

Y neges i'r fynachlog! Y neges i'r fynachlog! Y neges...

Wel wel, dyna beth yw asgwrn pert... Asgwrn a hanner weden i...

Peidied ag anghofio'r orchwyl, Milyn... Y neges!

I'r jiawl â'r neges, gall honno aros... Nid bob dydd wyt ti'n dod ar draws asgwrn tebyg i hwn!

HELP! S.O.S!

Na! Peidiwch â chyffwrdd â'r ci yna!

? ?

Rhaid mai hwn yw'r Eira Mân, y ci a ddisgrifiwyd i ni mewn gweledigaeth gan y Rin Fendigaid.

Rhaid fod dynion mewn peryg yng ngafael y Dywysoges Wen! Dewch, gwell i ni fynd i chwilio amdanynt!

Welwch chi, mae'r ci bach yn ein tywys ac yn arwain y ffordd.

Deuddydd yn ddiweddarach...

GONG

GONG GONG GONG

Olreit, Nestor, fi'n codi nawr!

Diogi, diogi, gad fi godi, cymer awr neu ddwy yfory...

⁉

Iyffach gols!... Bore da i chi'ch dau hefyd!

Ym, wel, mae'n rhaid bo ni mewn mynachlog...

...Ond shwd ar y ddaear gyrhaeddon ni fan hyn?

Barcud!

Mynachod yn barcuta!...
Wel, chware teg, o leia maen nhw'n
dyrchafu eu meddyliau...

Maen nhw'n ddigon jocôs, ond 'sneb
i weld yn becso lot amdana i!... Reit, fi'n
mynd am sgowt unwaith ffeindia i'n
sgidie cerdded...

Myn... yffach... i... jiawl! Ma'r sgidie
hyn naill ai wedi shrinco, neu mae
'nhraed i wedi chwyddo... Beth yff...

Wps... ym...
ond netho i
ddim byd!

Yn y cyfamser...

Croeso atom, deithwyr dygn, i fynachlog
Tahirgou'aith... Onid oedd tri ohonoch ar
grwydr yn y mynyddoedd?

Rwy ar ddeall fod ein cyfaill
yn dal i gysgu, Abad Wirdad...
O'n plith, ef oedd yr un a
oedd wedi llwyr ymlâdd.

Y mae'n hysbys i ni fod gan wŷr
y gorllewin chwiw ddyheadau i
ddringo criboedd y mynyddoedd
uchaf, a gan hynny lwyr ddiystyru
pob perygl hyd yn oed i'w bywydau
eu hunain. Beth sy'n eich
cymell chi, dywedwch?

Yn ein hachos ni, nid
ceisio clod na bri yr
oeddem, Abad Wirdad...
Nac hyd yn oed antur
y mynyddoedd... Ein
bwriad ni...

CNOC
CNOC
? CNOC

O, ym, shwmae... Esgusodwch fi yn torri
ar draws... Ond gaf i fenthyg siasbin, plîs?

Tintin!... Tharkei!... Wel, dyma braf eich gweld chi'ch dou!

Croeso i chwithau, dramorwr dewr. Dewch i ymuno gyda ni.

O, ie, reit... diolch, Archesgob.

Parhewch â'r hanes, deithiwr mwyn, a dywedwch beth oedd eich bwriad.

Wel, Abad Wirdad, daeth adroddiadau newyddion am drychineb hedfan ddiweddar yn Nepal, yn sôn fod yr holl deithwyr wedi'u lladd. Roedd cyfaill i mi, gŵr ifanc o Tsieina o'r enw Tsiang, ymhlith y teithwyr hynny.

'Na fe, 'chwel... ym... Archinard... Ac oherwydd fod hwn fan hyn wedi gweld Tsiang mewn breuddwyd, fe benderfynodd e fod rhaid mynd i whilo am ei ffrind a'i achub e! Nawr, crwtyn bach stwbwrn yr yffarn yw Tintin, penstiff, chi'n gwbod... Ond, fi macnabs fan hyn, ôdd yn dwp yn ei ddilyn e pan ruthrodd e i ddala'r awyren nesa i Nepal!

A fel 'na fuodd hi, ar dramp am un diwrnod ar ôl y llall!... Llusgo'n hunen lan wyneb y graig, pobi yn yr haul, sythu yn yr eira, cwympo lawr ceudwll diwaelod, cael ein claddu mewn cwymp eira!... Ac i goroni'r cyfan, Archdderwydd, y blwmin ieti yn dwgyd y botel ddwetha o wisgi ôdd 'da fi!

'Sdim mwy o awgrym fod Tsiang mâs ar foelni'r mynyddoedd na sydd fod un blewyn ar foelni pen ein cyfaill!

Beth oedd hynny? Oes blewyn ar fy mhen?

Gydag un bwriad, felly, i ddod o hyd i'r cyfaill Tsiang, roeddech yn barod i wynebu'r holl beryglon hyn? Mae'n sicr na fyddech wedi byw oni bai am wroldeb eich ci bach gwyn...

Mae hynny'n gywir, Abad Wirdad.

Y tristwch yw fod mynyddoedd Tibet yn cadw'r hyn y maent yn ei gelu, tra y bydd yr adar corff yn gwneud yn sicr nad oes unrhyw olion yn weddill... Yn ddiau, dyna fu tynged eich cyfaill Tsiang. Ofnaf na ddowch o hyd i'r dernyn lleiaf o'i dramwy yn y mynyddoedd.

Ha-le-liw-ia!

A gwell i'r llall fynd ar y droed chwith mor rhwydd â hon, myn yffach i!

Felly, wron, daeth yr awr i chi ildio'r gobaith a dderbyniodd noddfa eich calon. Welwch chi fyth eto'r cyfaill fu mor annwyl i chi...

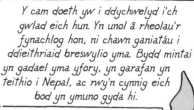

Y cam doeth yw i ddychwelyd i'ch gwlad eich hun. Yn unol â rheolau'r fynachlog hon, ni chawn ganiatáu i ddieithriaid breswylio yma. Bydd mintai yn gadael yma yfory, yn garafan yn teithio i Nepal, ac rwy'n cynnig eich bod yn ymuno gyda hi.

Mae hynny'n syniad da, ym... Archipenko.

Drannoeth...

Mae'r garafan yn barod i ymadael, deithwyr dewr.

Diolch, ym, barchedig... Rŷn ni'n eitha parod i fynd nawr.

'Co ni te, ar ein ffordd 'sha thre...

Ond heb ddod o hyd i Tsiang.

Na, fi'n gwbod 'ny... Ond roedd hi'n anochel falle, o'r dechre'n deg, fe wedes i wrthot ti...

Peidiwch ag anghofio hon, Galon Lân!

Sgarff Tsiang, wrth gwrs.

Rŷch chi'n garedig iawn...

Gwelaf... gwelaf... grib yr ych... islaw'r llygad... mewn ogof... gwelaf lencyn ifanc... ac eiddo iddo ef yw'r sgarff hon... mae'r llencyn yn gorwedd ar wely dail eithin pêr...

E? Sai'n credu hyn!

Ond och... mae haint y dwymyn yn ei feddiannu... Ond beth yw hyn sy'n nesáu?... Ni allaf weld yn glir... Dyna'r golau, mi welaf...

Tynn y camera mâs, glou, i ni gael llun...

OOOCH! MI-GO!

Damo! Rhy hwyr i dynnu llun... Bydd neb yn ein credu fod hyn wedi digwydd!

Dywedwch, ble mae Tsiang?

Ble mae pwy?

Tsiang! Y bachgen wnaethoch chi ei weld yn gorwedd ar wely dail eithin pêr... Ble mae e?

Nid wyf yn deall yr hyn rydych yn ei ofyn... Dyma'r sgarff i chi... Nawr, gyfaill ifanc, ewch mewn hedd.

Ond...

Fe welodd e Tsiang, mewn twymyn, ond yn fyw! Rwy'n sicr o hynny!

Er mwyn y nefoedd, Tintin! Paid gweud 'tho fi bo ti'n credu rhyw fynach chwyrligwgan! Mwydro oedd e...

Rwy'n sicr fod yr hyn welodd e yn wir!

Dewch, rhaid i ni siarad gyda'r Abad Wirdad.

'Smo ti'n reit yn dy ben!

Crib yr Ych... Dyna'r enw ar un o gopaon y mynyddoedd... Rhai dyddiau oddi yma ger pentref Gouhain-caighuhr'uen... Beth arall ddywedodd y Rin Fendigaid?

Soniodd am lygad, ac am ogof...

Hei, wow nawr, cocls Ceinewydd! 'Smo chi'n cymryd yr holl ddwli hyn yn seriws, odych chi?

Rhaid i chi ddeall, ddieithryn anrhydeddus, fod llawer o'r hyn sy'n digwydd yng ngwlad Tibet y tu hwnt i ddeall a dirnad gwŷr y gorllewin.

Fe ddisgrifiodd y Rin Fendigaid yr olygfa, fy nghyfaill Tsiang yn gorwedd ar wely dail... Ac yna rhywbeth yn nesáu... Yn ei ddychryn, bloeddiodd "Mi-go!"... Beth oedd ystyr hynny? Beth yw mi-go?...

Mi-go?... Rydych yn sicr mai dyna ddywedodd y Rin Fendigaid? "Mi-go" yw'r enw a roddir yn yr ardal hon ar y dyn eira dychrynllyd... Yn Nepal, yr enw sy'n cyfateb yw "meh-the" neu "ieti", ond yma rydym yn dweud "mi-go".

Beth felly, Abad Wirdad?

Arhoswch y tu allan. Mae'r Abad Wirdad mewn ymgom gyda'r estroniaid.

Felly, gwell fyddai petai eich cyfaill wedi marw, oherwydd y mae yn awr yn gaeth yng ngwâl y mi-go... A wnaiff y mi-go fyth ildio ei ysglyfaeth!

Wedi'i garcharu gan y dyn eira dychrynllyd? Mae hynny'n ofnadwy, Abad Wirdad!... Does gen i ddim dewis ond mentro i'w achub!

Och, Galon Lân, mae hynny'n amhosib. Ni ddylai neb fentro'r fath berygl.

Bydd rhaid i mi fynd ar fy mhen fy hun, felly... Wna i ddim cefnu ar Tsiang nawr.

Na, Tintin! 'Smo ti'n cael mynd! 'Smo ti'n cael mynd gyda fi na hebddo fi!... Llwyddest ti gael y gore arna i unwaith, ond fydda i ddim mor dwp â hynny eto!... Mae'n bryd i'r jolihoetian hyn ddod i ben!... Ti'n dod gatre i Mabelfyw Bach 'da fi nawr, ti'n clywed?!

Ymhle mae'r mynydd sy'n dwyn yr enw Crib yr Ych?

Gwedwch rwbeth wrtho fe, Arch... Arch... Archipelago!... Er mwyn iddo roi'r gore i'r syniad gwallgo!

Yn agos at bentref Gouhain-caighuhr'uen, tridiau ar droed o'r fan hon, dim ond ychydig ddyddiau yn ôl fe laddwyd iac, sef ychen y mynydd, gan y mi-go...

T'wel!

Capten, rhaid i chi beidio â bod yn grac 'da fi am hyn... Rwy'n mynd fory i bentref Gouhain-caighuhr'uen. Ewch chi gyda Tharkei, ac ail-ymuno â'r garafan... Ond rhaid i chi ddeall na fedra i ddod gyda chi.

Reit! Reit! Twll i ti, gwboi! Cer ble fynni di er mwyn dod o hyd i'r bachan bach Tsiang! Cer yr holl ffordd i'r lleuad os wyt ti moyn! 'Sdim ots 'da fi! Fi'n mynd i bacio fy mag a'i throi hi am adre nawr...

...cyn bo rhywun yn cael ei 'nafu!

Gouhain-caighuhr'uen, ymhen tridiau...

Dieithryn!

Shwmae!... Shwmae!... Ble mae cartref hynafgwr y pentre?

Fan hyn!

Eich tywys at Grib yr Ych? Cewch neb i'ch tywys yno, Koucho, neb! Oherwydd ar Grib yr Ych y mae'r mi-go yn trigo...

Fan 'na!

Un arall!

Edrychwch!

Hei! Y cryts bach drwg! Ife dyna beth ŷch chi'n dysgu yn yr ysgol?

Ydw i'n breuddwydio?

A'r un peth i chi!

!

Capten!... Ond beth?!...

Paid dechre holi cwestiyne dwl!... Dishgwl ar y tacle bach hyn, pob un yn fwnci bach ewn, yn hwpo tafod mâs arna i...

Wel, ie, dyna'r cyfarchiad traddodiadol ymhlith pobol Tibet... Ond beth yn y byd ŷch chi'n neud fan hyn? Fe ddwedoch chi...

O, ym... Ti'n synnu 'ngweld i, wyt ti?... Wel, ti'n gwbod...

Ym... Wel, fe sylwes i bo ti 'di gadael y camera ar ôl... A meddyles i y byddet ti eisie fe... Felly fe ges i fenthyg y ceffyle gyda betingalw, Archimboldo, fe, ti'mod... A bachan i 'nhywys ar hyd y llwybre...

Ac a ewch chi'n syth nôl i'r fynachlog?

Diawch... Wel, gan bo fi fan hyn, cystal bo fi'n cario mlaen ar hyd rhywfaint o'r ffordd 'da ti, 'smo ti'n meddwl?

Byddai hynny'n wych... Ond does gen i ddim llawer o obaith dod o hyd i rywun i'n tywys at Grib yr Ych.

Crib yr Ych?!... Peidiwch mynd yno, Koucho... Peidiwch mynd... Mae'r mi-go yn byw yno... Rhai dyddiau yn ôl, lladdodd y mi-go ychen yn pori ger y pentre!

Dangos i mi ble ddigwyddodd hyn.

Ymhen awr...

Fe wnaeth y bugail ddarganfod yr ychen yma, wedi'i ladd gan y mi-go.

Gwych! Capten, edrychwch ar Milyn! Does dim angen unrhyw un i'n tywys ni, mae Milyn wedi codi'r trywydd yn barod!

A diolch i ti am ddod â ni mor bell â hyn... Rhed adre nawr 'te... Rwyt ti wedi bod yn garedig iawn, diolch gyfaill bach.

Peidiwch mynd! Bydd y mi-go yn eich lladd!

Ta-ta 'te! Fel hyn ch'n neud ife? MNNM!

A bant â ni, yn cyrchu tua'r nod...

BLAAA!

Yr ieti... Mam fach, 'co fe!... Newydd ddod i'r golwg o'r tu ôl i'r graig anferth 'na...

Mae e'n diflannu... Wedi mynd... Dyma ni, dyma'r cyfle nawr, Capten, does dim eiliad i'w golli!

Ond beth allwn ni neud?

Mynd yn syth i mewn i wâl yr ieti, ac achub Tsiang!... Dewch, rhaid i ni frysio nawr!

E?... Ond... Ym... Paid anghofio'r camera!

Dychmyga taset ti'n tynnu llun da o'r ieti — bydde fe ar y niws ym mhob man!

Fe wna i 'ngorau.

Iawn...

Arhoswch chi fan hyn a gwylio rhag ofn i'r ieti ddod nôl... Ac os ddaw e nôl, chwibanwch nerth eich pen!

Olreit... Cofia dynnu'r llun!

!

Dyna geg yr ogof...

Dylen i ddim fod wedi gadael iddo fe fynd miwn ar ben ei hunan... Beth os eith rhwbeth o'i le?

Tsiang!... Tsiang!...

Pwy... Pwy sydd yno?...

Tsiang!... Tsiang! Fi, Tintin, fi sy 'ma!

Tsiang bach!... Beth sy 'di digwydd i ti?

Tintin!

Mae'n anodd credu... Ond ôn i'n gwybod y byddwn i'n dod o hyd i ti!

Tintin! Meddyliais llawer amdanoch...

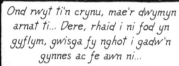

Ond rwyt ti'n crynu, mae'r dwymyn arnat ti... Dere, rhaid i ni fod yn gyflym, gwisga fy nghot i gadw'n gynnes ac fe awn ni...

Fedra i ddim, Tintin!

Does gen i ddim nerth i symud... A beth os ddaw e nôl?

Mae gen i gyfaill y tu allan, yn barod i roi arwydd i ni os oes unrhyw awgrym fod yr ieti yn dod...

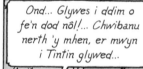

Ond... Glywes i ddim o fe'n dod nôl!... Chwibanu nerth 'y mhen, er mwyn i Tintin glywed...

Pwysa ar fy mraich... Dyna ni, byddwn ni'n iawn...

T-T-T-T-T...TINTIN! MAE E NÔ-Ô-Ô-ÔL!

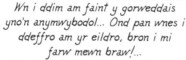

HAWAAWWWW!

Mae honna'n gri ddolurus... Fel petai'r ieti yn wylo mewn galar!

Nid yw hynny'n syndod... Rwy'n credu iddo dyfu'n hoff iawn ohona i... Ar y dechrau, byddai'n dod â bisgedi oedd wedi eu gwasgaru o gwmpas yr awyren wedi'r ddamwain... Yna, byddai'n mentro i'r eira mawr i ddod o hyd i fân blanhigion a dail i mi eu bwyta...

Byddai'n dod â gweddillion mân greaduriaid i mi weithiau... Roedd yn rhaid i mi orfodi fy hun i'w bwyta... Ac yn araf bach, teimlais fy mod yn cryfhau eto nes 'mod i'n medru sefyll ar fy nhraed... Cefais syniad, i naddu fy enw ar graig...

Fe ddaethon ni o hyd i'r ogof, Tsiang, a gweld y graig gyda dy enw wedi'i naddu arni. Ychydig wedi hynny, fe ddaethon ni o hyd i dy sgarff...

Wrth gwrs, y sgarff... Dyma hanes y sgarff...

Un bore, daeth yr ieti ar ruthr, roedd golwg wedi dychryn arno... Dyma fe yn fy nghodi ac yn rhedeg i ffwrdd gyda mi yn ei freichiau...

Cyn i mi sylweddoli, roedd yr ieti wedi dechrau dringo'r creigiau serth!

Roeddwn i wedi arswydo... Ond roedd yr ieti yn ysgafn-droed ac yn sicr ar bob cam wrth ddringo... Roedd yn fy nal ag un fraich, yn neidio'r creigiau yn ystwyth fel gafr wyllt... Yna oedi am ennyd, a sylweddolais beth oedd yn digwydd.

Yn y pellter, gwelais res o ddynion yn nesáu at weddillion yr awyren... Ac roedd yr ieti yn fy ngharío ymhellach i ffwrdd!

Gweiddais er mwyn ceisio dal eu sylw, ond roedd fy llais yn wan... Yna, datod fy sgarff a'i thaflu dros ymyl y dibyn, gan obeithio y byddai rhywun yn ei gweld ac yn ein dilyn.

Dyna'n union wnaethon ni, Tsiang... Beth ddigwyddodd nesa?

Ymlaen aeth yr ieti, yn fy ngharío trwy ddannedd storm arall... Roeddwn i wedi fferru'n llwyr... Pwy a ŵyr am ba hyd yr oeddwn i yn ei freichiau, a phrin yr oeddwn yn ymwybodol... Ond rwy'n gwybod...

...i'r ieti fy nghludo'n ddiogel i'r ogof, minnau'n llesg ac yn crynu'n ofnadwy o'r dwymyn... Roeddwn i wedi anobeithio'n llwyr erbyn hynny, yn sicr na fyddai neb byth yn dod o hyd i mi.

Credais mai yno y byddwn farw, ar fy mhen fy hun, ymhell o'm teulu a'm cyfeillion...

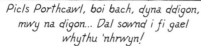

Yr Abad Wirdad! Rhaid bod rhyw achlysur arbennig iawn iddo ymadael â'r fynachlog ar lawn orymdaith!...

Cyfarchion, Galon Lân... Yn unol â'n harferion, cyflwynaf i chi'r fantell sidan hon. Trwy weledigaethau y Rin Fendigaid, cawsom ddeall eich bod ar droed... Mae'r orymdaith hon er eich croesawu a'ch cyfarch, ac ymgrymaf yn wylaidd ger eich bron...

Ymgrymu i mi?... Ond...

Gwnaethoch yr hyn na wnaeth yr un enaid arall. Am hynny fe'ch bendithier, Galon Lân, am eich cyfeillgarwch ffyddlon, am eich gwroldeb, ac am eich argyhoeddiad diwyro.

A chwithau'r Daran Glec, boed fendith arnoch... Mae eich ffydd yn ddigon i drechu'r dychryn wrth droedio pellafoedd daear.

Pellafoedd daear? Gatre fi eisie bod!

Ac yma, y llencyn a gafwyd yn ôl o borth marwolaeth... Bendithier chwi, gyfaill, am y rhagoriaeth gwiw y gwnaethoch ei ysbrydoli yng nghalonnau ein cyfeillion o'r gorllewin...

A beth amdana i 'te?

Rhyw fath o gorn gwlad yw hwn glei... Chwythu miwn fan hyn, ife?...

PŴŴAA!

Sori...

Ac ar ôl wythnos...

Shwd wyt ti'n teimlo erbyn hyn, Tsiang?

Yn llawer gwell!... Wedi gorffwys a derbyn cystal gofal, rwy'n teimlo fy mod wedi gwella'n llwyr.

Gwych! A diolch i'r mynachod caredig wnaeth drefnu'r garafan yma i ni, byddwn nôl yn Nepal cyn hir, ac yna ymlaen ac adre i Ewrop.

HAWAAAWOW!

Cri fel Castafiore...

Dyna'r ieti yn dweud ffarwel wrthot ti, Tsiang... Ar ben ei hun unwaith eto... Ac efallai mai ar ben ei hyn y bydd e bellach... Cawn ganu'n iach iddo.

Anrheg o Tibet!

Wyddoch chi, Tintin, rwy'n gobeithio na wnaiff neb fyth ddal yr ieti — byddai'n cael ei drin fel rhyw fath o anifail gwyllt. Pan rwy'n meddwl am sut y bu iddo fy nghludo i ddiogelwch a gofalu amdanaf, rwy'n tybio ei fod yn meddu ar enaid nad yw mor wahanol i'm henaid i...

Pwy a ŵyr?

Y Diwedd